JN408893

줄서기

줄서기

이 상 구 제2시집

도서출판 천우

● 시인의 말

첫 시집을 출간한 지 벌써 만 2년이 되어갑니다.

가파르게만 보여 가능성이 별로 없었던 첫 시집 출간의 고개를 넘기자 제2시집 출간의 용기가 생겨 작업도 수월해져 갔습니다.

그렇다고 애로가 없었던 것도 아니었습니다.

시 창작 작업을 하다가 갑자기 생각이 막혀 한 줄도 앞으로 나가지 못할 때가 자주 있자 제2시집 발간을 포기하고 싶은 유혹에 휩싸일 때 용기를 주신 분이 시 창작지도 스승님과 장은숙 시인, 박숙자 시인의 성원이 큰 힘이 되어 그렇게 높아만 보였던 두 번째 고개를 넘게 되었습니다.

또한 말없이 지켜보며 성원해 주신 문우님들에게도 감사를 드립니다.

무엇이든지 어려움과 고통 없이 이뤄지지 않고 좌절하지 않고 끊임없이 노력한다면 이뤄진다는 진리를 깨달으며 등단과 시집 발간을 통한 확신이 저에게는 큰 성과가 아닌가 생각합니다.

앞으로 더 정진하여 제3, 제4시집까지도 계속 발간할 수 있도록 지도 스승님과 문우님들의 성원을 부탁드립니다. 감사합니다.

2022년 5월 20일

이상구

제1부

매화꽃 향기 따라

제2부

줄서기

제3부

땡그랑 땡 찰칵

제4부

어둠이 쓸어 담은 하루

제1부

매화꽃 향기 따라

꽃피고 지는 마을

계절이 바뀌는 가녀린 숨결에
꽃피고 지는 소리 들리는가

아득히 멀어져 울음으로 삭일 수 없고
그리움으로도 갈 수 없는
꽃피고 지는 마을 보이는가
속절없이 봄날은 간다

꿈

찬란한 희망의 싹이 트고 자라
우리들의 열매가 빨갛게 익어 가면
푸르고 붉은 씨줄과 날줄로 엮인
오랜 침묵의 외로움 끝에

별빛보다 더 아름다운
한 폭의 비단 옷을 지어 입고
푸른 호수처럼
맑은 꿈이 이루어질 수 있다면

한 그리움이 다른 그리움이 되는 날까지
한 슬픔이 다른 슬픔의 손을 잡아주면서
나는 기다리리라
추운 골목에서라도

너희들은 아는가

너희들은 아는가
무대의 주인공이 사라진 적막감 속에서
진정한 슬픔이 무엇인지

너희들은 아는가
연극이 끝나고 내려진
진홍의 핏빛 휘장에 긴 세월의 흔적을

너희들은 아는가
한밤중의 진실을
애타게 휘젓던 도움의 손길을

악어의 눈물일랑 보이지마라
차라리 위선의 탈을 벗고
없어진 걸림돌에 미소를 지어라

* 지실 : 재앙으로 인해 해가 되는 일
* 악어의 눈물 : 거짓 눈물을 비유적으로 이르는 말

누이야 1

1.
신유년 천주교 박해 때 가족 다 잃고
목숨 건진 할아버지 손녀뿐
독립 운동 위해 할아버지마저
북간도로 떠나며 친구 집에 맡겨진
의지할 곳 없게 된 손녀

민며느리로 받아들여져
사랑 받지 못한 배우자로 살다
먼저 떠난 연상의 여인을 위해
연분홍 봉숭아꽃 물들인
손을 잡고 단 한 번이라도
보듬어 줄 수 있으련만

2.
어린 시절로 돌아가
봄 햇살 비추는 뒷동산 잔디 위
다리 뻗게 눕혀 가만가만 다독이며
사우곡 불러 잠재우던 어린 시절로 돌아가

봄마다 좋아했던
하얀 블라우스에 검정치마 파란 물빛 스웨터
차려 입은 누이가 코로나 백신 맞으려
긴 줄 속에 서 있었다

누구세요 안 좋은 시력 눈 비비며 다가서자
날카로운 여인의 목소리에 번쩍 든 정신
북쪽을 향해 망연히 서 있는 앞모습 당황한 얼굴
두 눈가에 맺힌 눈물방울 볼 귓가로 흐른다

매화꽃 향기 따라

매화꽃 향기 따라
그리움 들여 놓고
사랑이 머물렀던
차가운 달빛 그림자

바람에 날리는
메마른 낙엽 덤불처럼
추위가 엿볼지라도
새봄맞이에 늦어질까 봐
실개천 버들강아지 소곤소곤
새봄맞이에 뒤처질까 봐

산자락 매화꽃 향기
청명한 하늘 아래
솔솔솔솔

목련화

여름, 가을, 겨울
쉴 틈 없이 달려온
긴 여행길

개나리, 진달래, 화관 머리 얹듯
단정하고 새하얀 꽃봉오리

봄 처녀 축복 속에
임사랑 받고자
활짝 핀 목련화

받는 것보다 주는 것

눈비가 오고 태풍이 불어도
빠짐없이 보이는 몸 전체

그것은 가깝든 멀든 관계없다
눈에 보이는 표정 하나로
들여다볼 수 있는 마음속

수만 리 떨어져 있어도
바로 옆에 있는 듯 들리는 말소리

그것은 가깝든 말든 관계없다
영향 받지 않는 시간
계절 따라 변하는 일기예보처럼
마음먹기에 달라진다

맑고 흐리거나
따뜻하고 차가움에 따라

봄기운

봄이 성큼 다가와
메마른 나뭇가지에
꽃비가 내린다

노란 영춘화 피어나고
불쑥 키 자란 튜립도
주황색 꽃대 올라
봄 기지개 켤 때

기다리기 지루하다며
꽃봉오리 밀어 올리는
새싹이

늦기 전 봄기운 맡으려
종종 걸음 수목원을 향한다

봄꿈

따사로운 햇살 즐기며
하늘 높이 퍼지는 종달새 합창
남녘 산수유 노란 향기가
바람결에 전해주는 봄소식

개울가 물오른 개나리
겹눈 살며시 떠 배시시 짓는 미소가
성급히 꽃망울 열 때
입춘 제친 꽃샘추위

겨우내 참아오던 소망
푸듯이 젖어드는 연두색 보리밭길

봄은 세월 따라 오고 간다지만
머언 타관 핏줄 만나는
봄꿈 한 자락 이루지 못한 채
눈을 감은 두엄지고 흥얼거리던 노인

봄밤

사랑하는 님과
향긋한 꽃향기
솔솔 마시며

맑은 호수 바닥처럼
깊은 마음속까지
비치는 포근한 품안에서

봄밤이 새도록 도란도란
정담을 나눌 수만 있다면
질투에 사로잡힌 그리움이
발붙일 수 없으련만

봄비 내리던 고향

추녀 끝 낙숫물 소리에 열린 창문
소슬바람 앞세운 물안개로
싱그러운 산 내음 피운다

소리 없이 내리는 봄비에
붉게 만발한 뜨락 철쭉 꽃잎
방울방울 맺힌 진주 구슬

목 축여 주던 졸졸 흐르는 개울가
들녘 아지랑이 속에 높이 나는 종달이
단비에 적셔진 뿌리에 산들산들 춤바람
자욱한 안개에 묻힌 산골 마을 나무 잎새

뒷산 황토밭 고라당 햇살로 갈고 다듬은
이랑 이랑에 씨 뿌려 훌쩍 자라나
머리 들어 너울거리는 초록 바다

꿈엔들 잊을 수 있으랴
머나먼 남녘 내 고향 봄

봄소식 1

숲속을 나온 작은 멧새
이슬비 촉촉이 젖은 산과 들이 좋아
하늘 높이 날 때

산기슭 밭뙈기 고라당
연두색 보리 싹들이 머리 들고
냉이 씀바귀 달래 등 나물
소곤대는 귀엣말

뜨락 목련잎 지고
초록잎 돋는 가지에
앉은 동박새 주위를 살핀다

먼 남녘 땅
따사로운 봄소식을 전하고자
밤낮 없이 달려오는 봄기운

봄소식 2

침묵으로 기다렸던
차갑고 머언 산골 하얀 잔설

엄마처럼 포근한 봄 햇살
모락모락 피우는 아지랑이

연두색 물소리 맞춰
물 뿌리 적시는
초록 화장한 보릿잎

늦잠 깨우는
냉이 씀바귀 달래
소곤소곤 귀엣말

새싹 피울 준비
나뭇가지 눈망울
바쁜 산간 마을

따사로운 눈웃음으로
밀어 올리는 새 생명

숲속 나온 멧새
하늘 높이 봄소식 전한다

봄을 기다리며

씽씽 달리는 쇳소리
아스팔트 자동차

차가운 회색빛 삭풍
티끌 춤추는 보도

머언 남녘길
시간 업고 달려도 늦는데

아직도 베란다 스치는
늦추위 앞세운 엷은 햇살

애타게 기다리는
매화꽃망울

높이 솟은
앞산 하늘만 바라보며
지난 세월 봄을 생각한다

봄의 서곡(序曲)

빈가지 서릿바람 달려
숲속을 사라진 새소리

돌무더기 뒹구는 개울 바닥
목말라 정적만 감도는
시련의 계절

설치다 쌓인
새벽잠 무거워질 때

다가오는 봄의 서곡(序曲)
어둠 저편 눈길
소복소복 쌓인다

부활

포기하면 돌아온다는 것을
잊을까 봐 접어둔 자존심과 욕망을
넘치면 버리고 부족하면 채워도 되는 것을

보이지 않는 숲속에서도 바람이 살기에
울림을 느낄 수 있는 것을

욕망과 집착으로 채찍질 못한 마음
볼 수 있는 거울을 다시 찾게 돼
성찰하게 되면

차가운 새벽 정신 가다듬어
구겨진 그리움 털어 내고
부활로 허물 벗는다

사랑 1

애타게 찾아보아도
보이지 않던 간절한 소망
하얀 눈밭에 숯덩이 가슴 된
지난날 고통

긴긴 겨울 인생
그리움에 목말라
잠 못 이뤄 눈물 젖은 밤

이런 날이 찾아올 줄
어떻게 알 수 있겠는가
손 모아 기도드려도
참고 기다리라는 하느님

순간 갑자기 밝아진 동녘 하늘
꿈인지 생시인지 모를
너무도 애타게 기다렸던
황홀한 사랑

너울너울 춤추며 다가온
하얀 천사가 보낸 듯
소리 없이 살며시 찾아와
내 가슴에 안기네

사랑 2

사랑하는 시몬
세치 거짓 혀로 얼어붙은 가슴
뜨거운 열정 앞에서는
스르르 녹아 버리는 꽃샘추위일 뿐

아물지 못하게 하는
상처의 위기에도
변함없이 지켜주는 것은
시몬에 대한 진실한 사랑뿐

만나고 헤어짐은 자연의 법칙이지만
때가 되어도 못 떠나 지새우는 밤은
상처받은 명예보다
시몬에 대한 사랑 때문

4월이 오면

솟아오르는 생명 소곤대고
꽃향기 그윽이 스며든
따사로운 봄 햇살 언덕
스르르 눈을 감게 하는 4월이 오면

새하얀 목련꽃 한 송이 손에 든
아름다운 신부처럼
환한 미소로 올라오던
아스라이 떠오르는
호젓한 산마루 고갯길

머리에 흰서리 내리면 만나자던
녹아드는 솜사탕처럼
감미로운 시절

남은 세월 짧기만 한데
켜켜이 쌓인 그리움만 남아
소식 없이 기다려지는 그대

달 밝은 밤
목련꽃 핀 나무 한 그루
가만히 안아본다

새싹 기다리는 마음

봄 가뭄에 시달렸던 산골 마을 뒷산
밤새 내린 봄비 그치고
오래된 피나무 이끼 살 오르자
탱자꽃 유자꽃 하얗게 핀 봄날

자욱한 안개로 휩싸인 적막한 요사채 마당
싸리나무 울타리 밑에 꽃씨 뿌려
봄바람과 약속한 새싹 기다리는 마음

* 요사채 : 사찰 내에서 전각이나 산문 외에 승려의 생활과 관련된 건물을 통틀어 이르는 말.

임 마중 1

붉은 색깔 옷 갈아입은
벚나무 낙엽 한잎 두잎 시들면
가슴 울렸던 머언 타관살이 님

귀 익은 사립문 밖
헛기침 소리에
삐거덕 삐거덕 대청마루
마중 나가는 종종걸음

삽살 강아지 물어다 숨긴
마루 밑 신발
허둥대서 찾지 못하고
맨발로 뛰어나가는 마당

코끝에 스치는 노란 국화꽃 내음에
물 묻은 유리알처럼
맺힌 눈물

자랑하고픈 마음에 손잡아 이끈
새로 도배한 사랑방
툇마루 밑
귀뚜라미 소리 성글어 가고

밝은 달 높아지면서
애틋한 사연 정겨워 지는데

시간 가는 줄 모르게
깊어가는 가을밤
날이 새면 떠나야 할
안타깝고 외로운 가을밤

임 마중 2

지난겨울 얼어붙어 맺힌 마음
화사한 봄 햇살로 씻어 놓은 항아리
부어 놓은 정한수

장미 한 송이 꺾어
꽃잎 띄워 놓고
자물쇠 채워진 사랑방
열어 놓아 임 맞을 준비했네

거울 앞에서 머리 다듬어
옷매무새 고쳐 입고
콩닥거리는 가슴 가라앉히지 못해
봄기운 무르익어 가는 길섶에 앉았는데

굽은 길 돌아오는 발소리
한 걸음에 벌떡 일어나
달려간 임 마중

새 출발

작은 별빛이라도
멍든 가슴에 비치게 하려면

새벽 달빛 아래 불렀던 옛 노래와
한 겨울 모진 칼바람 소리를 지우고

오랜 세월 부패된 것들을
도려낸 후 신발 끈을 동여매고 나서
새 출발을 해야 한다

화분 속 여인

꽃가게에서 사다놓은 화분 하나
자신을 닮아 꽃은 예뻐도
오래 가지 못한다고 정성으로 보살핀 여인
이산가족 슬픔에 포기 나눌 시기가 넘었어도
쪽방에서 옹기종기 살게 했다
화분까지 사다 놓고 연초록 드레스 입고
햇살로 바싹 말라
슬픈 눈빛으로 서 있는 꽃나무
화분을 베란다 구석에 버려두고
늦가을 서둘러 떠나야 했던 여인

제2부

줄서기

가로등

어둡고 비좁은 길
끝자락에 사는 할머니
밤늦은 시간에
사고 없이 운전할 수 있도록
큰길 입구부터 골목길까지 왕래하는 기도
잦은 운전 사고로
오래간만에 마련한 개인택시
기다려준 아내에게 감사
머리 위 가로등에도
고마운 미소
아무 일 없이 귀가한 할아버지
식어버린 붕어빵 봉지 내민다

가로수

베란다 창문 너머
플라타너스 가로수

봄 햇살 채근에 죽순처럼
너도나도 새순 돋아
훌쩍 커버린 연초록 이파리
미풍에 하늘하늘 율동

이글거리는 뜨거운 태양 아래
버스 기다리는 시원한 그늘

풀 한 포기 나지 않는 사막처럼
민둥산 이발을 해버린 지 어제 같은데

숨 막히는 미세먼지로
컴컴해진 하늘 아래
구슬땀 흘리는 삶의 현장
청량감 걸러주며
묵묵히 서 있는 가로수

그런 날이 되었다

어느 날 우연히 만나
짓는 행복한 미소
확신하게 된 당신의 사랑
알아버린 내 부족함

실망할까 봐 초조해져
섬뜩한 생각이지만
잠시라도 보고파질 때
부리고 싶은 투정

시샘하는 불행이 엿보여
얼마 남지 않은
금쪽같은 시간
그런 날이 되었다

달맞이꽃 향기

계곡마다 붉게 물드는 계절
부끄럼 잘 타는 새색시처럼
밝은 낮 햇빛 싫어 달님 맞는 밤

석양에 피었다가
아침에 시드는 달맞이꽃

고달픈 세상 시달리며
긁힌 상처 적셔 가만가만
어루만져주고 싶은 달맞이꽃 향기

지난날 잊고 살았던
대공원 호숫가 저녁노을
그리움 속으로 다시 들어가
한 아름 품에 안는다

동고비

새벽을 스쳐가는
손 시린 찬바람이
3월 한가운데로 불어
알몸의 나무들 새소리마저 멈추고
겨울의 끝자락을 붙들고 서 있다

딱따구리 둥지를
제집인 양 부지런히 고치고
'삐이앗' '삐이이앗'
제일 먼저 부른 노랫소리

내가 바라던 진정한 봄은
동고비를 앞세워 봄을 향한
설레는 가슴속에 벌써 와 있다

* 동고비 : 동고빗과에 속한 작은 새

보릿고개

구름 한 점 없는 파아란 하늘 밑에
포도송이처럼 매달린
아카시아 꽃내음 불러온 기억이
지난 세월 말동무 하잔다

그땐 그랬지
아궁이 지필 나무가 없어
눈을 피해
산에서 베어온 나무로 대신했기에
황폐화된 숲이 매년 물난리를 막고자
만든 나무 심는 날

그땐 그랬지
학교에서 돌아올 때가 되면
주린 배를 채우기 위해
강을 낀 넓은 평야에서
제대로 영글지 못한 보리 모가지 꺾어
불에 끄슬려 먹고
새카매진 입언저리

그땐 그랬지
가진 것 없어도

울타리 너머 음식 넘겨
정 나누던 따사로운 가족과 이웃
보릿고개 힘겹게 넘기고

그땐 그랬지
밥상머리 입 하나 덜자고
고향 떠난 방직공장
월급 없는 서울 식모살이
털 보송보송한 앳된 딸
울먹이며 닭똥 같은 눈물방울 흘린
동구 밖 어머니와 작별

높다란 아카시아꽃 나뭇가지에
이름 모를 새 한 마리 날아와
궁상 그만 떨고
꽃구경이나 가라고 한다

부채

한 여름 푹푹 찌는 찜통더위
사정없이 흔들어 땀 식히려
내 몸 살 뼈 부러지도록 부려먹었다

절은 한 때 없으면 불편해
살뜰히 챙겼지만

늙고 병들었을 뿐만 아니라
더 좋은 게 나오자
머나먼 산골 쉼터에 버려져
오고 가는 등산객
놀림방 만들었다

불청객

차가운 바람 따라
창틈으로 찾아든 손님
커튼자락 춤추게 한다

떠나기 싫어 퍼트린 심술
거두지 않고
누워버린 거실 바닥

내년에 보자며
살살 달래는 말에
무거운 발걸음 마지못해 일어나

앞산 고개 너머
사라지는 꽃샘추위

비

하얀 연기처럼 푸석푸석 피는
긴 가뭄에 목 타는 산과 들
비구름 자욱하더니

밤부터 내린 단비에
산뜻한 세수를 한다

사위는 고즈넉한데
초록잎 흔드는 실바람
팔랑팔랑 간지러운 춤

여기저기 싱그러운 웃음소리
찌든 가슴속 솟구치는 청량감

빈 잔

한 계절이 누우면 아쉬운 순간이
빈 소주잔을 앞에 놓고
움츠렸던 시간들을 보낸 후

따스한 봄 햇살이 스며들어
싱그러운 들녘 하염없이 걷노라면
늘 외로워 울렁이던 가슴
잔잔하게 가라앉는다

산다는 것은 고통스럽고 외로운 것 말고
졸졸 흐르는
개울물 소리처럼 황혼을 향해
사라져가는 평화로운 것도 있다

이제 파아란 하늘에 유유히 떠나가는
하얀 구름을 보며 잔을 채워
높이 들고 마셔 보리라

사자보다 무섭다

진초록에 물든 관악산 아래
연초록 까치산 능선
멀리 종탑에 설치된 십자가상 교회

산 주택 속에
뾰족한 붉은 벽돌 지붕 성당
내일 모레가 주일인데
제대로 못 드리는 예배

눈 부릅뜬 코로나 위압에
교회 성당 제대로 참석 못해
광장에 네로가 풀어 넣은 사자도 없는데
네로의 사자보다
더 무서운 코로나

소원

이른 아침 솟아오르는 햇살에
눈부시게 우아한 모습으로 다정히 손잡고
두 사람이 하나 되게 하소서

동화 속 주인공처럼
어려운 고난을 당하더라도
축하를 받을 수 있는 사랑을 하게 하소서

생명이 다할 때까지 간절히 바라는 것은
변함없는 사랑을 할 수 있게 건강을 주소서

싸리꽃 가지 춤

따사로운 4월 햇살 울려 퍼지는
외진 등산길가 새살대는 새소리

아름다운 모습 보이고자
겨우내 참았던 정성 들여 화장한 싸리꽃
활짝 펴든 꽃잎 양산

살랑살랑 부는 봄바람 반주에
수없이 많은 생명들이
밤하늘 별처럼 모여 핀 꽃가지

새하얗고 긴 치맛자락
하늘하늘 날리며 추는 싸리꽃 가지 춤

연잎

뭉게구름 떠다니는 연못
점점 다가오는 시련의 계절
얼굴 내민 초록 연잎
소곤대는데

잡아놓은 삶의 터전
서로 밀어내려
시샘하는 끈질긴 잡풀

이름 모를 새 한 마리 날아와
무슨 모의 하냐며 함께 하잔다

꽃대까지 물 위로 올려
끈질기게 다가오는
잡풀에 당할 도리 없어
근심에 쌓여 갈 때

기침소리 한 마디에
많던 웃자란 잡풀 간데없고

진주알 얹은 연잎에
아스라한 어린 학교 단짝 기억
박자 없이 흔들린다

6월에는

6월에는 방안 곳곳을 더듬어
필요 없는 물건들을 들어 낼 것입니다
그곳에 쌓여진 먼지들을 털어내고
닦아서 거울처럼 만들 것입니다

6월에는 유리알처럼 맑아진 거울로
세상을 찬찬히 살펴 때가 낀 곳을 찾아내서
삶의 터전을 청결히 할 것입니다

6월에는 내가 사는 곳을 둘러보렵니다
무슨 꽃이 피어있는가 살펴
한 번도 사랑받아 본 일이
없는 꽃을 찾아내서
가슴에 안아볼 것입니다

6월에는 해묵은 낙엽을 쓸어 담아
불을 피워 슬픈 흔적을 지울 것입니다

외갓집 가는 길

해는 서산에 산그늘 길게 드리우고
붉게 타오르는 저녁노을
외로움이 옹달샘처럼 봉을봉을 솟아
조금씩 짙어갈 때

언젠가 걸어본 일이 있는 듯한
길을 따라 가니 머언 산골짜기로부터
피어나는 저녁안개 속에서
나풀나풀 춤을 추며
어서 오라고 반갑게 손짓하는 여인

진달래 흐드러지게 핀 그해 봄날
후미진 오솔길 따라 당신과 외갓집 갈 때
꽃 한 송이 머리에 꽂고

환한 미소를 짓던 지름길인 것을
그때서야 생각났다

잡초의 꿈

털어도 털어지지 않는
자욱이 쌓인 먼지
바싹바싹 타들어가는
여름 뙤약볕 보도블록 틈새

찌는 여름 날
누리지 못한 시원한 그늘
난폭한 발에 짓밟혀
아무는 날이 없는 상처

자식들에게
화려하게 핀 꽃으로
구경 한 번 시켜주지 못한 꿈
어려운 환경을 극복
끈질긴 생명력으로
꽃 피우는 그날을 기다린다

젊은 날의 함성

한 계절이 낙엽 위로
바스락 드러눕는 소리
가만히 눈을 감고 귀를 기울이면
가난해서 살기 어려움보다
푹푹 찌는 여름 찜통 속처럼
숨 막힌 세월 속에서
무지갯빛 꿈을 안고 달렸던
발자국 소리가 들린다
암흑했던 시절 점점 조여드는
억압을 견디다 못해
잃어버린 자유를 찾으러
학교를 뛰쳐나와
아스팔트 허연 체류탄에 맞서
보도블록 조각 던지며 목 놓아 외치다가
쫓기는 지친 하루가 저물면
뒷골목 주점 삐걱거리는 식탁에 둘러 앉아
값비싼 젊은 날을 울분 토하고
막걸리 잔을 나누며 불태웠지

줄서기

기차 타려고 줄 서 있는
피난민 사진으로 본 6. 25 피난민

계속된 가뭄으로 농사 망쳐
식량배급 줄 서 기다리는
보릿고개 농민

명절 귀성차표 예매하려
앉거나 서 있는 서울역 광장사람
밤샘도 힘들었는데

아직도 종로 탑골공원
무료 점심 기다리는
검정색 긴 행렬과

일생 동안 줄서서 기다려도
돌아오지 않는 차례
이루지 못한 꿈과 희망
세상 등진 수많은 사람도 모자라

이글거리는 폭염 속
코로나 감염검사 긴 줄
웬 말이냐

초여름 아침

봄 가뭄 끝에 단비로
선잠 깬 초여름 아침

떠오르는 붉은 햇살
반짝반짝 빛나는 보석
휘저어 놓은 참새 떼 시샘
고샅길 울타리 함박웃음 나팔꽃

질척이는 논길 따라
집 나선 발걸음
자욱한 물안개 풀섶 서려

하늘 높이 솟아
응답하는 멧비둘기
구구구…… 짝 부르는 소리

파도(波濤)

뉘엿뉘엿 앞산 가려
짧아진 햇빛
집집마다 저녁연기로
기다려지는 산골 밥상
배고픔에 울어대는 송아지

주인보다 빨라진 어미 소
누렁이 걸음
반갑다고 꼬리치며
동네 입구 마중 나온 강아지

준비된 외양간 여물 먹이는 동안
전답 매매 성사되었는지
큰 아들 독촉 전화

조상 대대로 물려받은 전답 팔아
누렁이가 도살장 끌려가는 꼴 보며
정든 고향 등지고
서울에서 살고 싶지 않다고
고집 피운 세월

내가 죽으면 성사 시키라고 했지만
아내마저 자식한테 돌아선 지금
홀로 막아 내기엔
힘이 부친다는 황 노인

풍물장수

빽빽이 둘러선 장손님 속
흥 돋우는 노랫가락 도우미 두고
등진 북 발돋움 치며
구름처럼 방방곡곡 휘돌아
재미 보았던 오일장

막걸리 잔에 흥얼거리며
두둑해진 전대차고 돌아가는 길
먼 문밖까지 마중 나온 처자식

코로나까지 불어 닥쳐
손님마저 끊긴 지 오래
생활수준 환경 변화로
먹고살기 바쁜 자식

한 푼이라도 건져오기만
눈 빠지게 기다리는
허리 굽은 아내

시골버스 차창에 기대
오늘도 빈손으로 돌아가는
허연 머리 오일장 풍물장수

피서

헉헉 숨 막히는 봄볕
한증막처럼 자욱한 매연
한낮의 거리

아스라한 보석처럼
반짝반짝 시린 개울
마음은 풍선

매미 울음소리 살며시
잠든 사이

흰 뭉게구름 시원한 바람
서산이 길게 드리운 그림자

회상

스치는 바람처럼 흐르는 강물처럼
세울 수 없는 세월

사라져 가는 시간에
새록새록 돋아나는 상처
긴 한숨으로 뒤척이며
날밤을 지새운 이른 아침

창문에 비치는 신혼부부
자동차 트렁크에 싣는 여행가방
환한 미소 띤 신부 얼굴 위로
붉은 장미가 만발한 그해 늦은 봄

즐거움에 들떴던 첫 친정나들이
둘이서 손잡고 기차역 향했던
당신 모습 떠오른다

제3부

땡그랑 땡 찰칵

가을의 정취

극심한 여름 더위에
마지못해 틀어 놓은
에어컨 대신 열어 놓은 베란다 문과
거실 문을 통해 들어온 자연바람
무덥던 더위도 한풀 꺾인 듯
입추 때 느끼지 못한 가을 정취

성급한 산책길 가로수 한두 잎
붉고 노란색으로 물들기 시작하면
이삼일 사이 처서

아침저녁 부는 달라진 바람
쌀쌀해진 날씨로
가을은 깊어진다

가을편지

개울가 갈대 흔든
차가운 바람 소리 따라
떠나고 있는 계절

끊어진 사연 마디마디 이어가며
밤잠 설치던 텅 빈 방

현실과 꿈이 뒤섞여
방안 구석구석
가슴앓이 된 흔적

기억 저편 사라질까
그리움 불러
써놓고 부치지 못한
색 바랜 가을 편지

굽은 허리

많은 인부 아침 식사 준비는 물론
마당 끝 채마밭 돌보랴
돼지 밥 주랴 제대로 펴지 못해
굽은 어머니 허리

뜸벙 뜸벙 떨어지는
추녀 끝 낙숫물 소리
곤한 잠 밀어내고 일어난 새벽

씽씽 달리는 검은 차도 위
자동차 소리 귀에 익어갈 때면
아스라이 흘러간 세월파도를
타고 다가올 때

울컥 울컥 가슴 저며 치솟는
뜨거운 눈시울

그리운 가을

무더운 여름이
설치던 세상

작별 인사 없이
내년에 보자는 듯
사라진 지 어제 같은데

산 너머 기다리던
창틈으로 들어온 찬바람

갈색으로 물들었던
성글어진 앞산 숲

떠나간 가을을 그리워
목울음 우는 낙엽

깊어 가는 가을

무더운 여름이 설치던 세상
작별 인사 없이 사라진 지
어제인데

산 너머 기다리다
창틈으로 들어온 서늘바람
붉고 노랗게 물들어가는
벚나무 한두 잎

쌀쌀해진 날씨로
낙엽이 지면서
깊어가는 가을

낙엽

황금빛 태양 아래
꿈같은 신록의 시간을 보내다가
실바람이 부추기는 춤을 추며

쌀쌀해진 비바람 찬 서리에
시달리는 상처투성이
낙엽 한 잎

빛바래 희미해진 세월에
의지할 곳 하나 없는 넋으로
빈가지에 걸린 낮달처럼
얹혀 사라지는가

머언 길 끝에 누운 산자락처럼
사라진 영혼은 살아날 수 없지만
부서진 몸은 새 생명 탄생의
밑거름이 되겠지

달밤

앞산 위로 떠오른 밝은 달
함께 볼 수 있는 그곳에서도
때로는 잊고 살았던 사연들이 사무쳐
잠 못 이루는 긴긴 밤

불을 끈 창문을 여니 적막한 달빛 따라
살랑살랑 흔들리는 가로수 잎
그림자가 불러들인

애틋한 그리움에 지쳐 야속한 당신
살포시 주어진 꿈속에서나마
손 한 번 잡아주지 않는다

땡그랑 땡 찰칵

목줄 없은 손바닥 땅뙈기 집 살림에
밀린 하숙비가 덮친 등록금
발걸음 무거워진 책가방 든 이른 아침

오빠 도우려 학업을 포기하고
밤늦은 주방 보조로 취직한
가불 족쇄 누이동생

이장 집 통해 알렸던
목 잠겨 나오지 않는
학비 부쳐달라는 말
여보세요 땡그랑 땡 찰칵
전화기는 동전을 삼킨다

만추 1

서러움 한 송이 풀꽃에서
순백의 그대 얼굴을 본다

그대는 마른 풀잎을 스치는
한줄기 바람
양지가 그리워지는
해거름 산촌 밭두렁

서산 산부리에 해가 걸리면
산골짜기 산그늘 드리워
그대 얼굴 어둠에 묻힌다

숲은 메마르고 하늘은 드높은데
사무친 그리움 되돌릴 수 없는데

가슴 아린 세월
또다시 가야만 하네

만추 2

드높은 푸른 하늘 나는 한 무리 철새
앞산 계곡 불탔던 고운 단풍
찬란했던 한 계절 뒤로 하고

싸늘한 한줄기 바람에 사라져
자꾸만 허허로워지는 숲속에
세월은 가고 그리움만 남는다

하늘은 저렇게 끝없이 뚫렸는데
몇 장의 갈이파리
무심한 바람결에 흔들리고
새하얀 손 흔들며
살포시 미소 짓는 모습

창밖은 시들어가는 갈밭
이토록 절절히 솟구치는 힘든 아픔에
산촌의 깊어가는 양지 뜰에 앉아
눈을 감는다

만추 3

높고 푸른 청명한 햇살로
허허로워지는 메마른 숲속
계절의 이별을 재촉하는 싸늘한 바람
불탔던 나무를 옷 벗기는 소리

가을이 내려앉고 있는 낙엽 위
추적추적 내리는 차가운 비

지나가는 스산한 바람에 떠밀려
창밖은 시든 갈대 흔들며 울고 있다
가을빛이 사라져가는
먼 산등성이를 바라보며
떠나가 버린 시간들

견딜 수 없는 아픔
가슴에 스며든다

무엇이 누르고 있는가 1

사람 왕래 뜸한 가게 앞을 서성이며
오고 가는 사람 눈길 거두지 못해서

목 좋은 곳에서 점포세 감당 못해
처음 자리 잡았던 장소로 밀려

또다시 건물 주인에게
머리 조아리게 된 월세에 눌린
한쪽 다리 저는 주름진 이발사

이른 아침부터 빙글빙글 도는
청홍색 줄무늬 불빛 속 뒷골목길

무엇이 누르고 있는가 2

큰길 골목길 번개처럼 달려
배달되는 음식 맛에
밀어 내는 주방용 식칼
코로나에 쫓겨
한적해진 고층 아파트

작은 손 팻말 세워 놓고
오고가는 주부 기다리는
칼 갈아 줍니다

하루벌이 세월에 시달려
검붉게 타버린 얼굴
오늘도 빈손으로
돌아가야 하는 독거노인

무엇이 누르고 있는가 3

살아 있는데 검정색인데
흰색이라 죽었다는 사람들로
무엇이 진실인지 헷갈려

헛디딘 발로 조금씩 미쳐
강물에 빠지려는 위기의 순간

구름 사이로 내민 구원의 보름달 손
움켜잡으려 했으나
펴지지 않는 손가락

시상(詩想)

훌쩍 넘겨진 자정
꽉 막힌 배수구처럼
답답해 누웠더니

아스라이 들려오는
당신의 목소리
하얀 백지 위 손

정신이 번쩍 든
봄 낙수 가락 맞추어
춤추는 다섯 손가락

잠들지 못해
간절하게 바라는 부탁을
매정히 뿌리치는 눈까풀

10월이 오면

10월이 오면 아침햇살 따라
붉은 단풍 입고 춤출 것입니다

10월이 오면 호수처럼 맑은 파란 하늘
뭉게구름처럼 두둥실 헤엄칠 것입니다

10월이 오면 아침이슬에
젖은 바지 걷고 여름 내내 땀 흘린
논두렁을 메뚜기와 함께 달릴 것입니다

10월이 오면 붉은 고추 등에 업은
고추잠자리 비행연습 지켜볼 것입니다

일곱 손자

신방 치른 새색시
시부모 인사 때 입은
고운 옷에 환한 웃음
자식은 일곱 명 두겠다고
활짝 펴는 신랑 일곱 손가락

누구 허락도 없이
눈꼬리 살짝 치켜든 신부

손 귀한 가문에 큰 경사지
허허 시아버님 너털웃음

그렇고말고요
흐뭇한 눈길로
맞장구치는 시어머님

그 세월 어제 같은데
약속은 간곳없고
간밤에 내린 첫눈에 젖어
길가에 뒹구는 일곱 가닥 단풍잎

저무는 가을

서걱거리는 풀섶
찬바람에 사라져
애잔한 풀벌레

메마른 붉은 단풍잎
사방으로 흩어져
앙상한 나뭇가지

앞산 먼 골짜기
헐벗은 수수대
바스락거리는 소리

줄지어 사라져가는
기러기 날갯짓에
가벼워진 몸처럼
희미해지는 이별 노래

코스모스 1

처서를 밀어내 귀뚜라미 손잡고
눈앞에 달려온 백로가 펼친
파아란 하늘

향긋한 꽃향기 성화에
다시 찾은 산책길
의지할 곳 없어 외로웠냐며
서로 보듬고 살랑살랑 부는
솔바람 따라

추는 춤이라도 보라며
수줍어 미소 짓는 연분홍 코스모스

코스모스 2

한적한 산골 드높은 하늘
낙엽 실은 흰구름
흐르는 시냇물 가 언덕에
무리지어 핀 코스모스

연분홍 꽃잎으로 핀
눈에 선연한 자태를
잊을 수가 없어

켜켜이 쌓여진 서러운 사연들이
바람결에 하늘하늘 흔들리는
고운 자태 간직한 채
정처 없이 떠나가는 나그네

피아노 소리

멈출 줄 모르는 강물처럼
붙잡아도 달려만 가는 계절

단풍잎 뒤로 한 채
11월 얼마 남기지 않고
떠날 채비한다

어둠이 짙어가는 하늘 따라
빛바랜 흑백 사진처럼
고운 단풍도 계절에 시달린 색깔

가슴 시린 아픔
다독이지 못하고
물밀 듯 밀려올 때

어디선지 들려오는
희미한 피아노 소리

한가위

연년생 팔 남매
아들 하나 얻고자 키웠다
살길 찾아 객지로 뿔뿔이 떠나
소식 없는 딸 하나

귀성길 기다리느라
집밖에서 서성이며
동구 쪽 향한
눈길 떼지 못하는 어머니

어둠 깔려 보이지 않을 때까지
차마 돌려지지 않는 발길 무겁다

황혼길 부부

할아버지 손잡고
걸음 불편한 할머니

술 자주 마신 바람 끼
떠돈 객지 빚만 남긴 회사부도
속죄할 시간 짧아
기도하는 마음

자식 걱정 홀로 지킨
갈고리 손 굽은 허리
황혼길 산책 나온 부부

제4부

어둠이 쓸어 담은 하루

겨울 숲 1

봄여름 가을
황홀한 체험 채워 주기 위해
땀 흘렸다는데

계절 업고 달아난 바람 때문에
단풍잎 하나 남기지 않은
앙상한 나뭇가지

유유히 흐르는 구름 사이
희미한 낮달만 바라본 겨울 숲

코로나에 시달리다
피해 간 맑은 공기 속

잎이 지지 않는
상록수 보지 못한
서운한 마음

겨울 숲 2

바스락 바스락
마른 잎 뒹굴리며
산골 따라 내려온
차가워진 숲속 바람처럼

슬픔과 즐거움 아로새겨
의지할 곳 없이 떠돈 세월

죽비처럼 울려
열려진 창문
잠 못 이루는 밤

바람 따라 우르르 달려들어
소복소복 쌓인
울타리 밑 낙엽

간간히 들려오는
짝 잃은 멧비둘기 소리
깊어가는 겨울 숲속

안경

몸은 벌써 성큼성큼 대문 밖
뒷동산 입구

코로나 19에 문 닫은
노인복지관 의자 위로
지기 시작한 단풍잎
소곤대는 낙엽소리

매달린 붉은 색 단풍
정신 빼긴 순간
갑자기 어두워진 숲속

허전한 기분
생각나게 한 잃은 물건
어찌 눈알을 빼놓고 다니냐며

주인을 바꾸려했다는 말에
정신이 번쩍 들어
비호처럼 다시 내려가
살핀 앉았던 의자

그리움

그믐달빛 희미한 앞산
귀뚜라미 소리 처량하게 들려오는
적막한 가을 밤
끊어질 듯 이어질 듯
노란 국화꽃 향기가
봄 들판 아지랑이 피어오르듯
가끔씩 솟아올라
그리움 잊으려면
가슴이 미어지도록 더욱 새로워져
잊혀지지 않는 임을 만나러
떠나는 밤이지만 오늘도 채워지는 것은
버석이는 마른 댓잎
스치는 바람결이 일깨워 주는
교교히 비치는 은은한 달빛 아래
촉촉이 젖어든 아스라한 꿈결

눈꽃

붉은 노을 물들이고
먼 산 위로 해가 지면

내 안의 그대 형상처럼
풀벌레들이 울 때

풍화(風化) 되지 않고
남겨진 모습이

애절한 그대 얼굴로
운명처럼 찾아와도

다정하게 손잡을 수 없어
꽃이 지고 계절이 추워지면

하늘에서 내리는 눈꽃이 되어
품안에 안기리다

다짐

새벽 깃발 아래
사라진 옛 노래와
한겨울 모진 바람소리
기억에서 지우렵니다

그리고 삶의 끝자락에서
지난 세월 잃어버린 것들에
미련을 두지 않겠습니다

떠나가는 계절

먼 산 위로 해가 져
차가운 한줄기 바람과 함께
따스함이 그리워질 때

풍화(風化) 되지 않고 하얗게 남은
흔적 같은 것에서
애절히 우는 풀벌레 환청(幻聽)으로

그대 얼굴이 새록새록 돋아나는
내 안의 모습처럼 찾아들면

다정히 손 흔들며
내년에 다시 오겠다는
약속만 남기고
떠나가는 계절

마지막 12월

숲속은
빈가지에 서릿바람 달리고 나면
사라진 새소리에
목이 말라
돌무더기만 뒹구는 개울 바닥에
정적만 감도는
시련의 계절이 다가와서

새벽잠 설칠 때마다
태우지 못해 쌓여진 아픈 세월도
눈시울이 적셔질 때

어둠 저편으로부터
따스한 눈길로
살며시 닦아주고
사라져가는 마지막 12월

병상의 여인

목숨 줄 같은 시간
병마에 시달려
빗물처럼 흘려보내고

얼마 살지 못하지만
세월을 아쉬워하며

전국 방방곡곡 마지막
당신 손잡고
유람객 되고픈 병상의 여인

눈길 줄 때면
어느새 새빨갛게 타는 산자락

설날

헤어졌던 가족 한자리에 모여
차례를 지내고 부모님께 세배 한 후
오손도손 음식 나눠 먹으며
정담을 나누던 식구들

일제 때는 민족의식
해방 후는 이중과세
모든 방법 동원했어도
없애지 못한 음력 설날

집집마다 갓난 아이 울음소리
골목마다 아이들 웃음소리
사라진 지 오래된
까치 까치설날은 어저께고요
우리우리 설날은 오늘이지만
살아가기도 키우기도 힘든 세상
마음대로 모일 수도 없게 된 설날

세모(歲暮) 1

또 한 해가 저문다
멈칫 한 순간 뒤를 돌아보면
올 틈마다 찌들어진 고달픈 삶의 흔적뿐
달빛 속의 신화는 없었다

한평생 한 뼘의 쉴 공간 없이 달려온 길
내세울 것 하나 없이 보냈다
무거워진 짐 훌훌 털고
서 있는 빈 가지
찬란한 세월을 꿈꾸고

어스름 해질 녘 나뭇가지 위
이름 모를 새들도
갈 곳이 있건만
소망을 이룰 시간도 안식처도 없는
황혼의 나그네

회환과 방황 속에서
무거운 발걸음만 옮긴다

세모(歲暮) 2

한 해가 무대 뒤로 사라질 때
멀리 흩어졌던 부푼 꿈

사막을 훑는 모래 바람처럼
아물지 못한 상처로 돌아와
눈을 뜰 수 없는데

지울 틈 없이 떠났던
남루한 옷에 번진
타다 남은 흔적
아우성치며 달려들면

회환의 보자기 덮고
철늦은 계절 등에 업혀
하늘 높이 날려 보내라

소식 없었던 사람

계절이 건너가는 서늘한 밤
밝은 달 떠오르기까지
하루 종일 기다려 지친 몸과 마음
잡을 길 없는데

떠나기 전 돌아온다는
소식 없었던 사람 생각에
잃어버린 짝을 찾는 소나무 숲
애절한 부엉이 울음소리

처량한 풀벌레 울음 그치자
떠날 준비 재촉하는
길목 지키는 고독한 바람

솔잎 드레스

긴 세월 살다가
평생 입어보지 못해
가슴에 묻어둔 그리움

한으로 변해
키 작은 솔잎에
아득한 하늘에서
솜털 같은 눈송이가

솔잎에 수없이 쌓여
만들어진 하얀 드레스
차마 떠나지 못해서
먼저 간 여인

다시 돌아와
솔잎 꽃 드레스를 입고도
가만가만 임을 부르는 소리

겨울 숲속

차가워진 숲속 바람처럼
산고라당 따라 내려온
마른 잎 뒹굴려 바스락 바스락
의지할 곳 없이 떠돈 세월

슬픔과 즐거움 아로새겨
바람 따라 우르르 달려들어
죽비처럼 울려 잠 못 이루는 밤
깊어가는 겨울 숲속

소록소록 쌓인 울타리 밑 낙엽
간간히 들려오는
짝 잃은 멧비둘기 소리

* 산고라당 : 산골짜기의 방언.

약속한 계절

먼 산 위로 해가 져
따스함이 그리워진 때
차가운 바람 한 줄기

하얗게 풍화(風化)되지 않고
남았던 흔적 같은 것에서
애절히 우는
풀벌레 환청(幻聽)

내 안의 모습처럼
그대 얼굴이
새록새록 찾아 들어
내 안에 다시 오겠다는
약속만 남기고

다정히 손 흔들며 떠난
약속한 계절

어둠이 쓸어 담은 하루

모래 발자국 따라 흘러간 시간
놓쳐버린 지난날들 뒤돌아보니
잊혀진 틈새로 스멀스멀
안개처럼 스며들어

침묵으로 새겨진 그리움 살아나
아름다운 언어로 흔들면
무엇으로 그 흔적을 지울 수 있나

어둠이 쓸어 담는 하루
하얗게 비어진 빈 바구니뿐
어느새 계절은 찻잔 위에 찻잎 하나 띄워
외로움 마신다

외로움

미친 듯이 유리창을
두드리던 바람

가라앉은 녹말처럼
잔잔해진 적막한 밤

쌓여진 삶의 무게가 힘겨워
아스라이 들려오는 부엉이 소리

슬픔도 그리움도 아닌
가슴 저며 오는 아픔은

조용히 창문을 열고 들어와
살며시 옆에 누운 은은한 달빛

졸업식 노래

'빛나는 졸업장을 타신 언니께 꽃다발…'
'잘 있거라 아우들아 정든 교실아 선생님…'

저녁노을처럼 흐느낌으로 붉어졌던 스승과 제자
삭막해진 삶으로 잊혀진 지 오래된 졸업식 노래
아스라이 들려오는 노래 따라 눈가에 맺힌 이슬로
숙연해졌던 강당

하늘이 잿빛으로 덮인 저녁
가로수 가지에 매달려 칼바람에
오들오들 떠는 낙엽 한 잎처럼 창가에 앉아
무력해진 몸과 마음으로 듣는다

첫 강추위

짙푸른 가을하늘
시리도록 눈부신 햇살
황홀했던 오색 단풍
가지만 앙상해진 초겨울

쇳소리 나는 숲 앞세워
매몰차게 몰고 온 강추위

같이 가자며 손 내민
첫 함박눈 뿌리치고

붙잡아도 떠도는 구름처럼
끝없이 참아가는
아물지 않는 상처

첫눈

마지막 입고 있는 마른 잎
하나마저 벗겨져
오들오들 떠는 나무들

검은 가지마다 매달린 목화 등불
밝아진 산길에
서로 먼저 내리려는 아우성

젊음을 가져간 대신
슬픈 기억을 가슴에 묻고
사람들에게 위로와 격려를
보내기 위해 까마득한 하늘
수많은 검은 점

풍요로웠던 지난 계절
미처 깨닫지 못한
비워짐과 채워짐의 아쉬운 조화
첫눈이 내린다

축복 받은 첫눈

낙엽지고 떠난 가을
어제 같은데
산 너머 차가운 바람 몰고 온
첫추위

따뜻이 다독여 주는
엄마 품처럼 만지고픈
아기 볼처럼

티끌 씻어낸 새하얀 눈송이
소록소록 쌓이는 아침마당

임이여 우리들이
사랑해야할 마지막 남은
축복받은 첫눈이기를
알게 해주오

첫 눈길

간간히 들려오던 찹쌀 떡 장수
목소리 가까워
열어 제친 창문 앞

서서 기다리던
털모자 눌러쓰고
허연 콧김 내뿜던 앳된 얼굴

어깨 멘 나무 상자 속
찹쌀 떡 꺼내준 후
인기척 멀어져 가던
밤늦은 첫 눈길 고학생

통회

갈 곳 없어 방황하는
이 땅의 죄 많은 주님의 백성
가슴 쳐 흘리게 한
물욕에 어두워진
통회의 눈물을 닦아주소서

무거워진 지난 한 해의 짐
훌훌 털어 내려놓고
성탄 축복 속
희망의 새아침을 맞게
다가오는 성스러운 손
잡아주소서

＊통회 : 잘못을 매우 많이 뉘우침.

폐허

초겨울 긴 밤
흔적조차 희미한 먼 길
물어물어 찾아왔다

있어야할 불빛 대신
부서진 블록 뒹구는 돌담길
먹물 갈아 놓은 것처럼
캄캄한 오르막길 언덕

여보 늦으셨구려
어서 들어와 식사하셔요
마중 나온 아내의
낭랑한 목소리 따라
허공에 맴돈
삽살 강아지 짖는 소리

시인의 꿈과 감상(感傷)

윤제철(시인, 문학평론가)

1. 들어가는 글

세상에 존재하고 있는 사물이나 사건 그리고 사람들은 서로 간에 만남과 대화를 나누었다. 서로 외면하고 싶어도 그럴 수 없는 인과관계로 맺어진 인연들이다. 한시도 그냥 내버려두고는 견딜 수 없는 호흡과 같은 상호작용을 하고 있다. 혼자서는 살 수 없는 사회적인 동물로서 지내왔던 시기에 정보매체가 끼어들면서 커다란 변화를 예고하는 시점에 놓여 있을 뿐만 아니라 사회와 가정이란 생활공간의 개념과 가치관의 변환은 우리를 당혹스럽게 한다.

시인은 일반적으로 느껴지는 생각을 벗어나 앞선 의식을 일깨워주는 역할을 한다. 일반적으로 기쁨과 슬픔이 자신에게만 유독이 몰려와 우월감에 사로잡히거나 열등감에 사로잡혀 자신만의 아집에서 벗어나지 못하고 괴로워하며 스스로 쌓는 벽을 허물어주어야 한다.

그러기 위해서는 자신의 존재를 사물을 대상으로 관찰을 통하여 자신을 발견하는 기회를 만들 수 있다. 그로 인해 겉만으로는 정확히 볼 수 없었던 자신의 내면까지도 찾아보면서 치유할 수 있는 기회를 얻게 되는 것이다. 그 결과 윤택한 삶과 맑은 영혼을 영위하는 즐거움을 누릴 수 있게 하는데 큰 역할을 한다. 이상구 시인의 시세계가 품고 있는 향기가 수많은 독자들의 가슴을 가볍고 경쾌한 운율로 깨끗하게 씻어내 강하고 건강하게 할 것이다.

2. 시인의 꿈과 감상(感傷)

① 시의 꿈

꿈은 실현시키고 싶은 희망이나 이상이 이루어지기를 바라거나 꾀하는 바를 묘사한다. 「받는 것보다 주는 것」에서 함께 했었던 추억을 간직하고 실타래를 풀듯 함께 하지 못해 궁금한 나름대로의 속앓이를 치유한다. 「봄의 서곡(序曲)」에서 재미가 있고 자신감이 생겼다. 마치 움이 트고 나뭇가지에 물이 오르는 봄이 마음에 스며들기 시작했다.

「가로수」에서 보행자나 운전자에게 안정감을 주거나 공기를 정화하고 소음차단효과 외에 보행자에게 그늘도 준다. 「잡초의 꿈」에서 개천에서 용이 나거나 쥐구멍에도 볕들 날 있다는 옛말뿐이다. 화자는 자신이 놓인 상태나 자리를 사물과 비유를 한다.

눈비가 오고 태풍이 불어도

빠짐없이 보이는 몸 전체

그것은 가깝든 멀든 관계없다
눈에 보이는 표정 하나로
들여다 볼 수 있는 마음속

수만 리 떨어져 있어도
바로 옆에 있는 듯 들리는 말소리

그것은 가깝든 멀든 관계없다
영향 받지 않는 시간
계절 따라 변하는 일기예보처럼
마음먹기에 달라진다

맑고 흐리거나
따뜻하고 차가움에 따라

—「받는 것보다 주는 것」 전문

생활 주변이 어떤 상황에 놓여도 이것을 훼방 놓을 수 없다. 어디에 있든 표정 하나로 마음속을 훤히 들여다 볼 수 있고, 언제나 가까이에 있는 듯 속삭이는 목소리가 들을 수 있다면 자신이 마음먹은 대로 맑고 흐리고 따뜻하고 차갑게 받아들일 수 있다.

좋아한다는 것은 상대로 마음이 기울거나 호의를 가지는 것이다. 상대방의 기호를 가리지 않고, 주고 싶은 대로 거리낌 없이 행하는 모든 일들이 즐겁다. 함께 했었던 추억을 간직하고 실타래를 풀듯 함께 하지 못해 궁

금한 나름대로의 속앓이를 치유한다.

화자는 혼자 있거나 의지할 대상이 없어 고독하고 쓸쓸한 상태에 있을 만큼 외롭다. 지인들과 소통하고 원만한 일상을 영위한다 한들 가려운 곳을 긁어주지는 못할 것이다. 받는 것보다 주는 것에 만족하자는 편향된 취지이나 합리적인 방법이 아닐까 동의하고자 한다.

빈가지 서릿바람 달려
숲속을 사라진 새소리

돌무더기 뒹구는 개울 바닥
목말라 정적만 감도는
시련의 계절

설치다 쌓인
새벽잠 무거워질 때

다가오는 봄의 서곡(序曲)
어둠 저편 눈길
소복소복 쌓인다

—「봄의 서곡(序曲)」 전문

겨울은 추운 계절로 존재한다. 서릿바람만 남아 숲속의 새들도 사라지고 개울 바닥조차 드러내고 정적만 감돌았다. 긴긴밤은 새벽잠을 아무 대책도 없이 깨워 고달팠다. 똑같은 계절로만 덥거나 춥다면 불가능하지만 어김없이 다가오는 계절의 순환은 추위와 어둠을 벗어나 새롭게 맞이할 기대감으로 어려움을 견뎌내고 있다.

화자는 뜻하지 않게 갑자기 가을이 떠나고 겨울에 접어들어 적응하지 못했다. 예사로운 일조차 엄청난 위협과 충동으로 받아들여야 했고 떨치지 못했다. 계절과 관계없는 정서적 개념에서 본 겨울이 들이닥쳐 자신을 지키지 않으면 안 되었다. 하고 싶은 일로 하나둘 쌓아갔다. 재미가 있고 자신감이 생겼다. 그것은 마치 움이 트고 나뭇가지에 물이 오르는 봄이 마음에 스며들기 시작했다. 시적 상상력과 비유에서 비롯한 선명한 이미지가 빛나고 있다.

베란다 창문 너머
플라타너스 가로수

봄 햇살 채근에
죽순처럼 너도나도 새순 돋아
훌쩍 커버린 연초록 이파리
미풍에 하늘하늘 율동

이글거리는 뜨거운 태양 아래
버스 기다리는 시원한 그늘

풀 한 포기 나지 않는 사막처럼
민둥산 이발을 해 버린 지
어제 같은데

숨 막히는 미세먼지로

컴컴해진 하늘 아래
구슬땀 흘리는 삶의 현장
청량감 걸러주며
묵묵히 서 있는 가로수

—「가로수」 전문

가로수는 시가지의 도로를 따라서 줄지어 심어 놓은 나무다. 플라타너스 가지가 자라서 이파리가 무성해지면 가지치기를 하는데 민둥산 이발한 것처럼 볼품없어도 금방 자란다. 도로가에서 다른 곳으로 옮겨 가지 못하고 제 자리를 지키며 역할을 다하는 가로수가 신통하다.

베란다 창문 넘어 플라타너스를 틈이 나면 내다보며 화자는 말동무로 생각한다. 미세먼지 때문에 컴컴해진 하늘 아래서 묵묵히 맡은 본분을 다하는 그가 미덥고 안쓰럽다. 보행자나 운전자에게 안정감을 주거나 공기를 정화하고 소음차단효과 외에 보행자에게 그늘도 준다.

화자는 매체인 가로수에게 자신이 하고자하는 말을 대신하도록 비유를 통하여 독자들에게 이미지로 전달하려 한다. 시의 묘사는 응시의 산물이지만 응시에는 시인의 시적 언어가 필요하다. 하나의 가로수가 깊은 사고력을 펼쳐내도록 혜안을 뜨게 하고 우리 마음을 울려주었다.

털어도 털어지지 않는
자욱이 쌓인 먼지
바싹바싹 타들어가는
여름 뙤약볕 보도블록 틈새

찌는 여름 날
누리지 못한 시원한 그늘
난폭한 발에 짓밟혀
아무는 날이 없는 상처

자식들에게
화려하게 핀 꽃으로
구경 한 번 시켜주지 못한 꿈
어려운 환경을 극복
끈질긴 생명력으로
꽃 피우는 그날을 기다린다

—「잡초의 꿈」 전문

가꾸지 않아도 저절로 나서 자라는 여러 가지 풀을 잡초라 한다. 명분도 없이 척박한 보도블록 틈새에 뿌리를 내려 살아야 하는 삶은 넉넉할 수가 없다. 주린 배를 움켜쥐고 자식들과 가족에게 보이기에도 떳떳하지 못하고 부끄러워 볼 낯이 없어 눈치나 보고 굽실거렸다.

먼지만 뿌연 이곳 뙤약볕 행인들의 발에 밟혀 상처는 아물 날이 없고, 언젠가 피워낼 꽃을 보여줄 날이 오기를 간절히 빌고 빈다. 꽃 피우는 그날이 당장 오는 것도 아니어서 현실의 어려움을 견뎌내야만 한다. 개천에서 용이 나거나 쥐구멍에도 볕들 날 있다는 옛말뿐이다.

화자는 자신이 놓인 상태나 자리를 사물과 비유를 한다. 매체로 선택되는 것이 어떤 것이냐에 따라 기분이 밝아지기도 하고 어두워지기도 한다. 그렇다고 해서 너무 얼토당토아니한 것에 비유할 수는 없다. 극복한 뒤에 꽃을 피우겠다는 희망을 간직하고 있다.

② 시인의 감상(感傷)

감상(感傷)은 사물이나 사건에 대해 느낀 바가 있어 마음속으로 슬퍼하거나 아파함을 묘사한다. 「줄서기」에서 줄을 서도 길이에 따라 희망 줄이 어디서 끊어질지는 알 수 없어도 희망과 기대를 버리지 않는다. 「가을편지」에서 대나무 이파리처럼 칼을 갈면서 그리움을 불러들여 부치지 못하고 만지작거렸다.

「만추 2」에서 다시 만난다는 기약 없는 이별의 빈터를 채워줄 만한 대상을 찾지 못한다. 「안경」에서 자책은 자신에 대한 실망에서 비롯된다. 나사 풀어진 기계처럼 허술한 면면이 가슴을 아프게 한다. 「폐허」에서 돌담 오르막길 언덕은 마중 나온 아내의 낭랑한 목소리와 삽살 강아지 짖는 소리가 허공에 맴돌고 있다.

기차 타려고 줄 서 있는
피난민 사진으로 본 6. 25 피난민

계속된 가뭄으로 농사 망쳐
식량배급 줄 서 기다리는
보릿고개 농민

명절 귀성차표 예매하려
앉거나 서있는 서울역 광장사람
밤샘도 힘들었는데

아직도 종로 탑골공원

무료 점심 기다리는
검정색 긴 행렬과

일생 동안 줄 서서 기다려도
돌아오지 않는 차례
이루지 못한 꿈과 희망
세상 등진 수많은 사람도 모자라

이글거리는 폭염 속
코로나 감염검사 긴 줄
웬 말이냐

—「줄서기」 전문

한 줄로 죽 벌이거나 늘어섬. 또는 그런 상태를 한 줄 서기라 한다. 줄을 서는 데는 목적이 있다. 생사가 달린 피난길이나 고향을 가는 승차예매권 끊는 줄이다. 한 끼의 끼니가 걸려 있는가 하면, 평생을 두고 줄을 서도 차례가 오는 걸 못보고 세상 뜬 것도 모자라 폭염 속 코로나 감염검사 긴 줄은 누가 만들었단 말인가.

앞에선 사람부터 기회가 주어지는 원칙에 따라 원하는 걸 얻을 수 있다. 줄을 서도 길이에 따라 희망 줄이 어디서 끊어질지는 알 수 없어도 희망과 기대를 버리지 않는다. 우리의 삶은 거의 대부분 줄서기 아닌 것이 없다. 성적순이나 선착순, 아니면 스펙 순이나 백그라운드 순, 그밖에 금전이나 혈연, 학연까지 끼어드는 새치기는 눈에 띄지 않는다. 그나마 건강 순 하나 만이라도 앞줄에 설 수 있기를 바라지만 당장 양성이 아니길 가슴 죄는 것이다.

개울가 갈대 흔든
차가운 바람 소리 따라
떠나고 있는 계절

끊어진 사연 마디마디 이어가며
밤잠 설치던 텅 빈 방

현실과 꿈이 뒤섞여
방안 구석구석
가슴앓이 된 흔적

기억 저편 사라질까
그리움 불러
써놓고 부치지 못한
색 바랜 가을 편지

—「가을편지」 전문

함께 하고 있는 세상의 모든 것은 언젠가 내 곁을 떠난다. 떠나면서 아무런 통보도 없지만 계절은 그냥 가도 되련만 눈앞에 보여주었다. 차가운 바람 따라 갈대를 흔들며 떠나는 모습이 선하다. 가버린 뒤에 끊어진 마디를 잊겠다고 잠 못 이루는 텅 빈 방, 가슴앓이 된 흔적이 떠돈다. 매정하게 잊어버려도 누구의 원망이나 비난을 받을 사유는 아니더라도 주어진 사연의 구절들이 대나무 이파리처럼 칼을 갈면서 보내기는커녕 그리움을 불러들여 써놓고 부치지 못한 편지를 만지작거리는 가을이다.

나뭇가지에 무성하게 피어 맺었던 인연이 식어 한 잎 두 잎 떨어져 어디로 멀리 떠나가고 앙상하게 남은 빈자리가 아프다. 가슴 안에 쓰고 또 써도 무슨 할 말이 그리 많은지. 여행 갔다 돌아올 것 마냥 눈에 밟히는 가을은 보릿고개를 넘는 고달픔보다 넘기 힘들었다.

드높은 푸른 창공 나는 한 무리 철새
앞산 계곡 불탔던 고운 단풍
찬란했던 한 계절 뒤로 하고

싸늘한 한줄기 바람에 사라져
자꾸만 허허로워지는 숲속에
세월은 가고 그리움만 남는다

하늘은 저렇게 끝없이 뚫렸는데
몇 장의 갈이파리
무심한 바람결에 흔들리고
새하얀 손 흔들며
살포시 미소 짓는 모습

창밖은 시들어가는 갈밭
이토록 절절히 솟구치는 힘든 아픔에
산촌의 깊어가는 양지 뜰에 앉아
눈을 감는다

—「만추 2」 전문

늦은 가을 풍경 중에 유독 푸르고 깊은 하늘이 빤히 보인다. 오죽하면 하늘만 빠끔하게 바라다 보이는 두메 산골이라 부를까. 그 한가운데 철새가 불탔던 한 계절 보내고 싸늘한 한줄기 바람에 날아갔다. 앙상한 가지만 드러내고 손을 흔들며 떠나는 미소를 발견하고 깊어가는 산촌 양지 뜰에 앉아 아픔을 가리려 눈을 감는다.

잊으리라 다짐해보지만 어찌 이별을 그리 쉽게 잊을 수 있겠는가. 이 세상 어디라도 따라와서일까, 아니 못 보내고 함께 있으려 애를 태우는가, 가버린 계절을 붙잡고 싶어도 어쩔 수 없는 것을 놔주지 못한단 말인가. 다시 만난다는 기약 없는 이별의 빈터를 채워줄 만한 대상을 찾지 못한다. 화자는 아직 멀리 가지 못했으리라 여기며 마냥 그립기만 하다. 가을은 화자의 여러 모습의 심적 갈등을 다 보듬어 주었던 친구이며 안식처였다.

몸은 벌써 성큼성큼 대문 밖
뒷동산 입구

코로나 19에 문 닫은
노인 복지관 의자 위로
지기 시작한 단풍잎
소곤대는 낙엽소리

매달린 붉은 색 단풍
정신 뺏긴 순간
갑자기 어두워진 숲속

허전한 기분
생각나게 한 잃은 물건
어찌 눈알을 빼놓고 다니냐며

주인을 바꾸려했다는 말에
정신이 번쩍 들어
비호처럼 다시 내려가
살핀 앉았던 의자

―「안경」 전문

골똘히 생각을 하다보면 그 외 일은 관심을 두기 어렵다. 한참 때는 정신이라도 맑아 기억력으로 버틸 수 있었지만 나이 들어가면서 그 상태를 유지한다는 건 쉽지 않은 일이다. 그런 실수를 하고나면 불편한 심기가 만만치 않다. 더구나 단풍놀이는 코로나로 갈 데도 모두 차단되어 없던 터에 끼고 나간 안경을 챙길 여유가 나서지 않을 것이다.

붉은 빛 단풍은 마음을 빼앗기기에 충분하였고 하필이면 벗어놓은 의자 위로 낙엽이 쌓이는지 원망스럽기만 하다. 눈에 띄었더라도 별 수는 없었더라도 한결 나았으리라 여겨진다. 무언가 허전한 마음 하나가 알려주었다. 눈을 놔두고 다니느냐면서 주인을 바꾸겠다는 일침에 정신이 번쩍 들었다. 자책은 자신에 대한 실망에서 비롯된다. 나사 풀어진 기계처럼 허술한 면면이 가슴을 아프게 한다. 자신을 제 삼자로 바라보듯 측은하게 보고 있다.

초겨울 긴 밤
흔적조차 희미한 먼 길
물어물어 찾아왔다

있어야할 불빛 대신
부서진 블록 뒹구는 돌담길
먹물 갈아 놓은 것처럼
캄캄한 오르막길 언덕

여보 늦으셨구려
어서 들어와 식사하셔요
마중 나온 아내의
낭랑한 목소리 따라
허공에 맴돈
삽살 강아지 짖는 소리

—「폐허」 전문

폐허는 건물, 성, 시가지 따위가 파괴되어 거칠고 못 쓸 상태에 있거나 정신이나 생활 따위가 거칠어지고 메마름을 말한다. 초겨울 어두운 밤 부서진 블록 뒹구는 돌담 오르막길 언덕은 마중 나온 아내의 낭랑한 목소리와 삽살 강아지 짖는 소리가 허공에 맴돌고 있다.

산다는 것은 언제나 한결같지 않다. 나이 들어 혼자되어 사는 정서적 갈등의 길은 어둡고 시간적 전후를 막론하고 장소적 높낮이가 잘 분간이 안 되어 여의치 않다. 사람이 손을 대지 아니하고 그냥 내버려둔 거칠고 쓸모없는 황무지를 헤매듯 허둥거리는 공간이다.

내면의식의 흐름은 일정한 템포를 유지하던 것들이 점차 일이 되어 가는 속도가 늦어지고 일정하지 않은 상태로 명암조차도 분명하지 않아 어려움을 하소연하는 일면의 사태는 수습하지 못한 채 미궁에 빠지고 만다. 온갖 불균형은 히스테리로 전락하고 만다.

3. 나가는 글

시는 생활 주변에서 눈에 자주 마주쳤던 대상의 이야기부터 시작해서 어느 정도 표현에 익숙해지면 시야를 조금 더 넓혀 보다 큰 시를 쓰게 된다. 시야가 넓다는 것은 내 자신의 세상을 보는 안목이 깊어졌다는 의미다. 시는 시상을 얻어서 구체적 시어를 찾기 위해 많은 생각을 미루어 짐작하여 자주적이고 자유로운 성질이나 특성을 가지는 것이다.

이상구 시인의 시를 읽다 보면 계절적 감각이 확연하게 다가온다. 사람이 환경의 변화에 따른 생활의 적응을 위한 민감한 반응은 주목할 만하다. 반응을 바탕으로 한 비유의 세계를 시로 승화하는 구상은 어떤 대상이나 세계에 대해 계절, 풍경, 사실을 먼저 제시한 다음 그것에 대해 뒤에서 시적 화자가 의미나 가치를 부여하고 있다.

비유란 서로 다른 대상들 사이의 유사성을 근거하여 이루어진 진술을 말한다. 그런데 이 유사성에는 두 가지 유형이 있다. 하나는 형태와 모양의 유사성이고, 다른 하나는 성질과 내용의 유사성이다. 다시 말하면 이제까지 살아온 삶의 발생이나 발전하는 데 근거가 되는 토대가 되어 하고 싶은 이야기의 중심에 놓인다.

또한 다양한 주제로 불투명한 현실을 받아들이거나 거부하지도 못하는 현대인들의 내면의식의 흐름을 넓은 시야와 깊은 사고력을 동원하여 풍부한 어휘력과 탁월한 시어를 선택하여 결합한 시의 형상화는 중심내용을 뚜렷한 이미지로 승화하고 있다. 갈고 닦은 시편들을 한 권의 시집으로 발간하심에 축하드리며 독자들로부터 사랑받는 시집이 되길 바란다.

문학세계대표작가선 972

줄서기

이상구 제2시집

인쇄 1판 1쇄　2022년 5월 23일
발행 1판 1쇄　2022년 5월 30일

지 은 이 : 이상구
펴 낸 이 : 金天雨
펴 낸 곳 : 도서출판 천우
등　　록 : 1992. 2. 15. 제1-1307호
주　　소 : 서울시 성동구 무학봉28길 6 금용빌딩 2F
전　　화 : 02)2298-7661
팩　　스 : 02)2298-7665
http://moonhak.wla.or.kr
E-mail : chunwo@hanmail.net

ⓒ 이상구, 2022.

값 13,000원

*도서출판 천우와 저자의 서면 동의 없는 무단 전재 및 복제를 금합니다.
*저자와의 협의에 따라 인지는 생략합니다.

ISBN 978-89-7954-874-7